Joseph Grasset

La Psychothérapie

Essai

ISBN : 978-1981475674

10 9 8 7 6 5 4 3 2 1

Joseph Grasset

La Psychothérapie

Essai

Table de Matières

Section I

La *psychothérapie* est le *traitement des maladies par les moyens psychiques*, c'est-à-dire par la persuasion, l'émotion, la suggestion, la distraction, l'éducation, la foi et les prédications,… d'un mot, par la *pensée*.

Une jeune fille, qui avait totalement perdu la voix depuis plusieurs années, la retrouve pour signaler un train de chemin de fer à une amie qui allait être écrasée. C'est la scène modernisée du fils de Crésus qui était muet et qui, voyant un ennemi prêt à frapper son père, s'écria : « Soldat, épargne Crésus ! » Dans le tremblement de terre de 1855, à Lyon, une femme paralysée de la langue recouvre la parole pour appeler son mari à son secours et une autre paralytique est guérie par l'explosion d'une poudrière.

Voilà la psychothérapie par l'*émotion*.

D'après Feuchtersleben, Gœthe serait parvenu à se soustraire à la contagion d'une fièvre putride « par la seule action d'une volonté ferme. » Un surmené psychasthénique, à volonté défaillante, se laisse envahir par toutes les phobies : phobie du microbe, phobie de la souillure morale, phobie du sacrilège. Par une intervention puissante et répétée, le médecin fortifie cette volonté, lui redonne confiance en elle-même. Un autre sujet est convaincu de son impuissance : il ne pourra ni traverser une place, ni entrer dans une église ou au théâtre. Le médecin lui démontre et lui fait admettre qu'il peut tout cela s'il le veut.

Voilà la psychothérapie par la *persuasion*.

D'après Liebeault, Pascal se guérit un mal de dents atroce en s'appliquant à résoudre le problème de la courbe cycloïde ou roulette ; et Kant, sujet à des palpitations et souvent oppressé, se guérissait en transportant son attention sur un travail de tête appliquant. Padioleau, en avançant l'heure de la pendule, fait disparaître chez une femme une fièvre « par cause morale, » dont les accès revenaient toujours à quatre heures de l'après-midi. « Hack Tuke raconte de lui-même qu'ayant à subir l'extraction d'une dent, il arriva à ne sentir presque aucune douleur en s'efforçant de se représenter des idées riantes. »

Voilà la psychothérapie par la *distraction*.

Un hystérique a une paralysie du bras ou une insensibilité avec contractures d'une jambe : le médecin l'endort ; dans l'hypnose, il lui suggère qu'il peut remuer son bras, que sa jambe est guérie et que ce résultat se maintiendra au réveil et définitivement. Les choses se passent en effet ainsi.

Voilà la psychothérapie par la *suggestion*.

Un enfant a de mauvais instincts ; il est méchant et paresseux. L'instituteur, le prêtre, le médecin (tous les trois parfois) développent son sens moral, lui montrent le but élevé qu'il faut poursuivre dans la vie, fortifient ses facultés psychiques supérieures, en font un jeune homme bien élevé et moral. Un ivrogne ou un morphinique est corrigé par un conseiller prudent et intelligent qui lui fait peu à peu comprendre les dangers de ce vice et les belles choses qu'il pourra encore entreprendre en se corrigeant. Un ataxique qui marche mal, un aphasique qui par le mal, réapprennent à marcher et à parler en suivant longuement et scientifiquement des conseils médicaux. Un tiqueur est corrigé de ses tics par des procédés analogues.

Voilà la psychothérapie par l'*éducation*.

Enfin je crois pouvoir, sans blesser les convictions de personne, mettre la *foi* et la *prédication religieuse* dans les procédés de psychothérapie. D'abord chacun peut n'appliquer la chose qu'aux religions autres que la sienne, et puis les catholiques eux-mêmes (les plus sévères en pareille matière) ne veulent plus compter parmi les miracles les guérisons de névrose pure ; ils admettent donc bien que, dans certains cas au moins, la foi et la prédication agissent comme moyens de psychothérapie naturelle. Je laisse donc absolument de côté la question du surnaturel, qui est une question de théologie ; et cet article est de pure biologie humaine.

Ces exemples suffisent à faire immédiatement comprendre ce qu'est la psychothérapie (le mot est de Hack Tuke) : le traitement des maladies par les moyens psychiques.

Si on accepte cette définition, il ne faut pas dire, avec certains auteurs, que la psychothérapie est à la fois « le traitement par l'esprit » et le « traitement de l'esprit. »

Si on veut dire « esprit » pour « psychisme, » la psychothérapie est le traitement *par* l'esprit, mais nullement le traitement *de* l'esprit.

L'électrothérapie, l'hydrothérapie, la sérothérapie sont le traitement, non de l'électricité, de l'eau ou des sérums, mais le traitement par l'électricité, l'eau ou les sérums. De même, la psychothérapie est le *traitement par le psychisme* et non le *traitement du psychisme*.

Car ces deux termes ne sont pas synonymes ou identiques : il ne faut pas confondre le traitement de l'esprit et le traitement par l'esprit.

On peut en effet traiter l'esprit et les maladies de l'esprit par tout autre chose que par des moyens psychiques (hydrothérapie, médicaments) ; et, par l'esprit, c'est-à-dire par les moyens psychiques, on peut traiter des maladies non psychiques (l'ataxie locomotrice par exemple).

Même ainsi réduite à un sens précis et limité, la psychothérapie constitue encore un gros chapitre de thérapeutique, vieux comme le monde, qui intéresse le grand public, ne fût-ce qu'à cause des graves controverses qu'il a soulevées dans ces derniers temps.

Les études sur l'hypnotisme et la suggestion ont en effet ouvert de nouveaux horizons à la psychothérapie. Mais, en même temps, elles ont tellement absorbé l'attention médicale et du public pendant quelques années qu'on a cru pouvoir remplacer toute la psychothérapie par la thérapeutique suggestive.

Comme, d'autre part, on a bientôt découvert les inconvénients et les dangers de la suggestion dans certains cas, on a englobé l'entière psychothérapie dans les objections que l'on faisait à l'hypnose ; on s'est jeté dans les extrêmes et les exagérations de tous côtés et il en est résulté une discussion aussi confuse que passionnée : les uns chargeant la psychothérapie de toutes les accusations et de tous les méfaits, les autres la portant aux nues et en exagérant singulièrement les avantages.

On demande à cette psychothérapie les effets les plus disparates ; on veut lui faire remplir les indications les plus contradictoires.

Les uns (Berillon, Binet) voient dans cette thérapeutique psychique le moyen de fortifier la volonté des sujets et de développer leur personnalité et leur spontanéité ; ils en font la base de la pédagogie et de l'éducation. Les autres disent avec Duprat que traiter un malade par ces moyens psychiques, c'est contribuer à la ruine de leur individualité et à l'établissement du règne de l'automatisme.

La suggestion, dit Duprat, « ne peut être qu'un appel à l'in-stabilité même. Pour obtenir un résultat illusoire, on aboutit, en employant la suggestion, à la ruine de plus en plus complète de ce moi que l'on voudrait sauver. » Berillon voit au contraire dans l'hypnotisme un « agent moralisateur et réformateur » des enfants pervers, un agent « d'éducation systématique de la volonté. »

Ce qui n'empêche pas Blum de condamner « l'emploi d'une méthode qui portera atteinte à la liberté morale de l'enfant... L'éducation, continue-t-il, ne doit pas tendre à transformel l'homme en une machine ; elle doit au contraire susciter l'effort, favoriser l'éclosion des bons germes et faire avorter les mauvais. »

Étudiant, d'ailleurs avec une grande sagacité, l'éducation rationnelle de la volonté, Paul-Emile Lévy cherche dans la suggestion le grand moyen d'action pour fortifier la volonté et écrit : « Quelque paradoxale que cette assertion puisse paraître, de prime abord, loin de subir un amoindrissement, la volonté se trouve accrue de par la suggestion. » La suggestion réapprend à vouloir et Lévy s'associe « pleinement » aux conclusions de Valentin : « Les faits obligent à constater que la suggestion constitue le moyen le plus sûr et le plus rationnel de fortifier les réactions psychiques des malades, de leur rendre par là tout ce que leur constitution comporte d'attention, de jugement et de volonté. » Et comme « la faiblesse du vouloir est la grande maladie de notre époque, » la psychothérapie par la suggestion devient la panacée du jour.

Devant ce fouillis d'opinions contradictoires, dues à des hommes de premier ordre, on comprend les railleries peut-être un peu lourdes, comme dit Duprat, mais en grande partie justifiées, de Wundt : « Ces hommes croient avoir trouvé dans la suggestion non seulement un remède contre toutes les maladies morales dont nous souffrons, mais encore le grand levier du progrès de la civilisation, destiné à soulever l'humanité vers un état de perfection inconnu jusqu'alors. Ils demandent qu'on l'introduise avant toute chose dans l'éducation et l'instruction. D'après le dire des pédagogues de l'hypnotisme, pour faire de ses enfants des hommes d'une excellente moralité, on réclamera dorénavant l'hypnotiseur. Il suggérera à l'enfant d'être, à l'avenir, bon et obéissant, jusqu'à ce que la qualité souhaitée se soit suffisamment fixée dans son caractère. En cas de rechutes, on reprendra la cure suggestive. Bien mieux, il n'est pas impossible qu'avec une patience suffisante on ne perfectionne par suggestion les facultés intellectuelles. Dans tous les cas, on fait entrevoir que, dans cette voie, les méthodes d'instruction seront remarquablement facilitées et simplifiées La première connaissance qu'on exigera, dans les siècles à venir, du candidat au professorat, sera celle de l'hypnotisation... »

Que penser et que garder de toutes ces assertions contradictoires ? Faut-il donc abandonner la psychothérapie, condamner et oublier cette méthode thérapeutique ? Alors que notre thérapeutique en général est si peu riche et si souvent impuissante, faut-il rejeter ainsi tout un groupe de moyens, faciles à employer et non toxiques ?

Non. Je crois qu'il est facile de remettre les choses au point et d'éviter au traitement psychique ces excès d'honneur et ces excès d'indignité.

Il suffit pour cela de ne jamais parler de psychothérapie sans faire des distinctions entre les divers moyens psychiques, sans établir notamment dans la psychothérapie une division toute naturelle, qui correspond à la distinction des deux psychismes, qui permet par suite d'étudier à part une *psychothérapie inférieure* et une *psychothérapie supérieure* et, sans préciser pour chacune de ces médications psychiques, des indications et des contre-indications distinctes, des effets et des actions thérapeutiques différents.

On sait en effet qu'il faut distinguer chez l'homme la fonction psychique supérieure et la fonction psychique inférieure. A la première appartiennent les actes conscients, volontaires, libres, dont le sujet est responsable ; à la seconde, les actes inconscients, automatiques, involontaires et n'entraînant pas de responsabilité.

Il paraît démontré également qu'il y a deux ordres de centres psychiques comme il y a deux ordres de phénomènes psychiques : des centres psychiques supérieurs et des centres psychiques inférieurs.

Ces divers centres sont situés les uns et les autres dans l'écorce du cerveau (la partie la plus élevée des centres nerveux), mais sont distincts les uns des autres.

Les centres supérieurs (centres O de mon schéma) paraissent siéger tout à fait en avant, dans le lobe préfrontal, tandis que les centres inférieurs (polygone de mon schéma) occupent d'autres régions de l'écorce.

A l'état normal, ces deux ordres de centres psychiques associent et intriquent leurs fonctions, collaborent d'une manière tellement inextricable qu'il est impossible de distinguer le rôle spécial de chacun d'eux.

Mais dans le sommeil et la distraction, comme dans l'hypnose, le somnambulisme, etc., il se fait une disjonction entre les deux psychismes (désagrégation suspolygonale) et alors leur fonctionnement se fait séparément : ce qui permet d'en faire l'étude analytique.

Si on admet cette distinction fondamentale entre les deux psychismes, on comprend qu'il y ait aussi deux psychothérapies, suivant qu'on s'adresse au seul psychisme inférieur du sujet ou au contraire au psychisme supérieur ou mieux à l'ensemble des deux psychismes restés unis.

La première, psychothérapie inférieure, s'adresse au polygone dissocié ; la seconde, psychothérapie supérieure, s'adresse au centre O.

Dès lors, il est facile de prévoir que chacune de ces médications psychiques aura ses indications et ses contre-indications qui ne sont pas celles de l'autre. Les objections faites à l'une ne s'appliqueront plus à l'autre et réciproquement.

En d'autres termes, le psychisme ne formant pas un tout indivisible, la psychothérapie ne doit pas être considérée comme un bloc insécable. C'est pour avoir méconnu cette distinction que les contemporains sont tombés, sur ces questions, dans des discussions si confuses et si stériles.

Ainsi l'action sur la volonté et sur le moi supérieur est toute différente dans ces deux méthodes thérapeutiques : la psychothérapie inférieure agissant sur le polygone désagrégé aide plutôt à la disjonction des deux psychismes, tandis que la psychothérapie supérieure fortifie l'unité des psychismes, développe la volonté et accroît l'action et l'influence du moi supérieur.

On comprend donc à la fois les enthousiasmes de Berillon, de Binet et de bien d'autres et les vives critiques de Duprat, de Wundt, etc. Les deux appréciations d'apparence contradictoire s'adressent bien, l'une et l'autre, à la psychothérapie ; mais elles ne s'adressent pas à la même psychothérapie.

En réalité, on peut, avec la psychothérapie, obtenir des effets contradictoires et en apparence inconciliables à condition de distinguer deux thérapeutiques psychiques absolument différentes dans leur point de départ, leur mode d'application et leurs effets sur l'organisme.

Tout est confusion en psychothérapie si on ne fait pas cette distinction ; tout devient clair et assez simple si on la fait.

Voilà l'idée que je voudrais démontrer en étudiant successivement et rapidement chacune de ces deux psychothérapies : la *psychothérapie inférieure* et la *psychothérapie supérieure*.

Section II

On fait de la psychothérapie inférieure toutes les fois que, par des moyens psychiques, on s'efforce d'agir uniquement et exclusivement sur le *psychisme inférieur* du sujet.

Or, dans l'état normal du sujet, on ne peut pas discerner son psychisme inférieur, dont le fonctionnement est nitrique dans celui du psychisme supérieur. Donc, pour pouvoir faire de la psychothérapie inférieure, il faut d'abord dissocier les deux psychismes, les désagréger, les séparer l'un de l'autre, chez le malade à traiter.

On arrive à ce résultat par l'hypnotisme. En endormant un individu, on sépare les deux activités psychiques, on annihile (pendant toute la durée de l'hypnose) les centres supérieurs (0), on désagrège le polygone (centres inférieurs) et on peut alors agir sur ce polygone ainsi désagrégé : on agit bien alors sur le seul psychisme inférieur du sujet, on fait bien de la psychothérapie inférieure.

Donc, la thérapeutique psychique inférieure comprend un ensemble de moyens psychothérapiques qui s'adressent aux polygones désagrégés. L'application de ces moyens suppose donc une hypnose préalable du sujet.

C'est la *thérapeutique par l'hypnotisme*.

Un malade présente une série de symptômes qui sont sous

la dépendance d'une idée fixe inconsciente ; c'est-à-dire qu'il ne connaît pas lui-même l'existence et la nature de cette idée fixe pathogène et le médecin ne peut qu'en constater les effets, impuissant à les conjurer, puisqu'il n'en connaît pas la cause.

Le médecin endort alors le malade ; dans l'hypnose, il découvre l'idée fixe logée dans le polygone, à la façon d'un parasite (comme disait Charcot). Il la combat, la détruit, toujours dans l'hypnose. Et, au réveil, le malade est guéri.

Le sommeil naturel est aussi un état de désagrégation, dans lequel le polygone peut trahir ses secrets, comme lady Macbeth trahissait les siens dans le somnambulisme.

Soupçonnant une idée fixe inconsciente chez une malade, Pierre Janet lui ordonne, dans l'hypnose, de rêver tout haut dans ses sommeils naturels. Puis il efface par la suggestion ces rêves morbides qui poussaient le sujet à des crises pénibles ou même au suicide.

Voilà de la psychothérapie inférieure ou polygonale, de la thérapeutique par l'hypnotisme.

L'hypnotisme peut agir de deux manières ou par deux procédés en thérapeutique : par le sommeil provoqué lui-même (hypnose), ou par la suggestion à laquelle il rend le sujet accessible.

L'hypnose elle-même, sans suggestion surajoutée, appartient déjà à la psychothérapie, parce qu'elle contient elle-même un élément suggestif.

Comme disent Binet et Féré, « le sujet sait, lorsqu'on l'endort, que les manœuvres auxquelles on se livre ont un but thérapeutique, et, dans quelques cas, le sommeil provoqué peut être considéré comme appartenant à la médecine d'imagination. »

En tous cas, l'hypnose désagrège les centres psychiques, émancipe les inférieurs et endort les supérieurs. C'est le principe de l'anesthésie obstétricale et chirurgicale par l'hypnotisme.

Dès 1829, dit Crocq, « le docteur Cloquet ampute un sein à une dame hypnotisée ; en 1845, le docteur Loysel, de Cherbourg, ampute une jambe à une demoiselle endormie par Durand de Gros ; en 1846, il enlève un paquet de ganglions dégénérés à un jeune homme de dix-huit ans ; en 1847, le docteur Ribaud, de Poitiers, enlève une tumeur volumineuse de la mâchoire à une jeune fille endormie ; en 1847, le docteur Fanton fait une amputation de cuisse à un jeune homme hypnotisé, le docteur Joly ampute le bras d'une dame... »

Mais dans tous ces cas, plus ou moins clairement exprimée, la suggestion intervient et aide.

Chez Tillaux, une malade en hypnose et après suggestion va à l'amphithéâtre, se couche sur la table, subit, sans rien sentir et tout en causant, une opération douloureuse et est tout étonnée au réveil d'apprendre que l'opération est faite.

Le rôle de la suggestion tacite est encore considérable quand, à la suite de Pitres, nous arrêtons des attaques d'hystérie trop longues ou trop bruyantes par le sommeil provoqué. Eminemment suggestive, comme calmant, était l'hypnose que Wetterstrand prolongea pendant plus de six semaines.

Donc, même dans l'hypnose seule employée comme moyen psychothérapique, la suggestion joue un grand rôle. Nous pouvons donc dire que la *psychothérapie inférieure* ou thérapeutique par l'hypnotisme se confond avec la *thérapeutique suggestive*.

Liebeault, qui est le véritable initiateur de ce mode de traitement, eu a bien analysé le mécanisme.

L'hypnotiseur introduit dans le polygone désagrégé du malade une idée neuve qui détruit l'idée morbide en la *remplaçant*, la *troublant* ou la *corrigeant*.

Pour obtenir une action du premier genre, on endort le sujet et on lui affirme que son mal disparaît, a disparu et ne reparaîtra pas au réveil. On substitue dans son polygone désagrégé l'idée de la guérison et de la santé à l'idée morbide de la douleur, de la paralysie, de la convulsion.

On peut dans certains cas (c'est un bon adjuvant) donner un point de repère à cette suggestion en attachant la guérison à un acte spécial, à une pratique quelconque : vous serez guéri quand j'aurai frappé quatre fois dans votre main ; ou : vous boirez ce verre d'eau et serez guéri.

Pour perturber le polygone d'un malade il faut donner au sujet, dans l'hypnose, une forte émotion, peur, joie...

Enfin on peut essayer de corriger lentement, progressivement, et non plus brutalement, d'un coup, la mauvaise habitude pathologique qu'a prise le polygone du malade. On agit par une série de suggestions qui détruisent graduellement l'idée morbide dans le psychisme inférieur du sujet.

En somme, l'action thérapeutique fondamentale de la suggestion est l'action substitutive. Tout revient à l'implantation, par l'hypnotiseur, dans le polygone du sujet, d'une idée de guérison qui remplace l'idée de maladie. Si la chose se fait très vivement, c'est la méthode *perturbatrice*. Si elle se fait lentement, c'est la méthode *correctrice*.

Au fond, c'est toujours le même mécanisme d'action : *le remplacement de l'idée morbide par l'idée suggérée.*

Ces considérations suffisent à montrer l'*étendue* et les *limites* de l'action de cette suggestion thérapeutique.

Comme toute suggestion, la suggestion thérapeutique peut modifier la motilité, la sensibilité, les idées polygonales et même les appareils dont le fonctionnement est habituellement soustrait à la volonté.

On pourra guérir ainsi une paralysie, une convulsion, une contracture, un tic, une anesthésie, une douleur, une idée fixe, une obsession, une impulsion... On peut même diminuer ou supprimer une hémorragie anormale, augmenter ou ramener une hémorragie physiologique, diminuer une hypersécrétion morbide ou augmenter une sécrétion défaillante... On purge par suggestion. Dans tous ces cas, même dans les derniers, l'action reste psychique et psychique inférieure. C'est toujours une influence psychique qu'exerce le médecin, et c'est toujours sur le polygone désagrégé du sujet qu'il exerce cette influence psychique.

C'est toujours une action purement et exclusivement polygonale qui laisse O tout à fait en dehors.

Ceci est vrai même de la suggestion à l'état de veille.

Il ne faut pas en effet confondre la suggestion à l'état de veille avec la persuasion, l'enseignement et en général l'action psychique sur l'ensemble et la totalité des centres psychiques du sujet. La suggestion vraie ne se fait jamais dans un état de veille complet. Dans ce que l'on appelle la suggestion à l'état de veille, le sujet à suggestionner n'est qu'en apparence à l'état de veille ; en réalité il est en état d'hypnose partielle (sans présenter les signes du sommeil).

Il est en état de désagrégation suspolygonale ; ses centres supérieurs assistent dans une certaine limite à l'expérience, mais ont abdiqué la direction ; et c'est bien au polygone désagrégé que s'adresse le suggestionneur.

Donc, dans tous les cas, la psychothérapie suggestive reste inférieure et n'a qu'une action purement et exclusivement polygonale, laissant O tout à fait en dehors.

Il résulte de là que cette psychothérapie inférieure n'a aucune action sur les maladies mentales, qui sont des maladies de O, ni même sur l'élément vraiment mental des maladies. Les maladies de O échappent à l'influence de la suggestion thérapeutique.

Ces mêmes procédés thérapeutiques n'ont aussi aucune influence heureuse sur la désagrégation sus-polygonale, sur l'instabilité mentale, sur la tendance morbide qu'ont certains sujets à dissocier leurs centres psychiques et à laisser leur polygone vagabonder et rêver à sa guise sans le contrôle du psychisme supérieur.

L'idée thérapeutique suggérée dans l'hypnose s'implante dans le polygone désagrégé ; mais, même dans les cas les plus heureux, elle n'agit en rien sur les communications de ce polygone avec 0 ; surtout elle n'agit nullement pour rétablir ces communications, restaurer la collaboration des deux psychismes et fortifier la direction régulière du centre supérieur. De là cette conséquence que la suggestion thérapeutique n'a aucune action sur le fond et l'essence d'une névrose grave. La seule et véritable indication de la suggestion thérapeutique est la localisation étroite, bien définie, de la névrose sur un appareil ou sur un autre.

Il ne faut donc ni restreindre l'hypnotisme au traitement de l'hystérie comme le voulaient Richer et Gilles de la Tourette, ni dire, avec ce dernier auteur, que l'hypnotisme modifie « profondément le terrain hystérique. » Il faut plutôt dire avec Pitres que la médication suggestive s'adresse aux « troubles fonctionnels, » « qu'elle peut atteindre et modifier heureusement. »

En dernière analyse, la thérapeutique suggestive s'adresse, non à la *maladie névrose* (hystérie, neurasthénie, etc.) qu'elle est impuissante à modifier, mais au symptôme (paralysie, contracture, aphonie, etc.) de cette maladie.

Ainsi réduite et précisée, l'indication de la psychothérapie inférieure est encore importante. Car souvent ces symptômes ont une gravité considérable, empoisonnent la vie du malade, paralysent et retardent le traitement de la maladie elle-même, font par suite indication, comme on dit en médecine ; et, par conséquent, il est souvent très utile pour le médecin d'avoir, pour les faire disparaître, un moyen aussi simple et aussi commode que la suggestion dans l'hypnose.

Des mêmes considérations découle la connaissance des *contre-indications* de l'hypnotisme en thérapeutique.

Car, comme tous les moyens puissants de la thérapeutique, la suggestion n'est pas toujours utile ; elle est parfois nuisible et il faut connaître les cas dans lesquels on doit se garder de l'employer pour ne pas nuire au malade.

J'ai déjà cité Duprat disant que la suggestion ne peut être qu'un appel à l'instabilité même. « Pour obtenir un résultat illusoire, dit-il, on aboutit, en employant la suggestion, à la ruine de plus en plus complète de ce moi que l'on voudrait sauver. »

La condamnation est sévère. Elle est injustifiée quand elle traite d'illusoires les résultats obtenus ; nous venons de voir que, dans certains cas, les bons effets sont réels. Mais elle est juste quand elle qualifie le procédé d'« appel à l'instabilité même. » Ceci est vrai : la suggestion ne rétablit pas l'unité et la collaboration des psychismes ; au contraire. L'hypnotisme crée ou accentue la désagrégation suspolygonale. Il ne facilite donc pas le retour à cette unité normale dans laquelle O et le polygone collaborent physiologiquement. Il ne tend pas à reconstituer la personnalité normale et saine de l'individu : au contraire, il la disjoint et habitue le polygone du sujet à obéir plutôt au centre O de l'hypnotiseur qu'au sien propre.

C'est pour cela que l'hypnotisme est souvent un révélateur de l'hystérie. C'est pour cela que l'hypnotisme des représentations et des théâtres peut faire naître des dangers et doit être Interdit.

En somme, l'hypnotisme diminue l'unité normale de la personnalité du sujet et facilite sa disjonction par désagrégation sus-polygonale.

Il est donc impossible de voir, avec Berillon, dans l'hypnotisme un « agent moralisateur et réformateur » des enfants pervers, un agent d'« éducation systématique de la volonté. »

Si Berillon obtient de très beaux résultats dans certains cas, c'est qu'il fait de la *pédiatrie* et non de la *pédagogie* : Il traite et guérit des *malades*, chez lesquels il y a des troubles polygonaux morbides qui gênent et entravent, chez l'enfant, le libre et normal exercice de la volonté et de la haute direction morale de O.

Il combat et détruit cet obstacle, cette mauvaise habitude polygonale par l'hypnotisme ; ce qui est tout à fait dans le rôle et les attributions ordinaires de l'hypnotisme : action polygonale, action sur le polygone désagrégé. Et il rend ainsi sa liberté à O, il libère O des entraves apportées par la maladie, il permet à O de reprendre la direction normale et physiologique de l'entier psychisme.

Mais il n'a pas agi directement sur la volonté ni sur le sens moral. Une volonté ou un *sens moral qui n'auraient d'autres racines dans l'esprit qu'une ou plusieurs suggestions n'auraient aucune consistance, n'existeraient pas.*

C'est bien ce sens *médical* de la suggestion que prévoyait Durand de Gros (un précurseur dans cette question), quand il disait en 1860 : « Le braidisme nous fournit la base d'une *orthopédie* intellectuelle et morale, qui certainement sera inaugurée un jour dans les maisons d'éducation et dans les établissements pénitentiaires. » Dans les établissements pénitentiaires, oui, parce que ce sont des anormaux, des malades ; dans les maisons d'éducation, oui encore, à la condition qu'on ne l'y applique qu'aux malades, et même seulement à certains malades.

C'est ainsi que Liégeois dit justement qu'il faut voir dans l'hypnotisme, non un procédé d'éducation, mais seulement un moyen de réformer des natures *viciées*.

De même pour Félix Hément, « il ne s'agit pas d'une méthode d'éducation à employer d'une manière générale, mais d'un *traitement*, d'un moyen *curatif* à appliquer à des intelligences ou à des natures vicieuses. »

Donc, les expériences et les résultats de Berillon, tout remarquables qu'ils sont, ne sont pas en contradiction avec les assertions émises ci-dessus et nous laissent cette conviction que l'hypnotisme a l'inconvénient de provoquer ou de faciliter les désagrégations suspolygonales.

D'après tout cela, je ne peux pas admettre l'opinion des auteurs qui veulent assimiler la suggestion à l'éducation et essaient de répondre par cette assimilation même aux objections faites à l'hypnotisme.

Pour Leclère, l'hypnotiseur ne porte pas plus atteinte à la liberté morale de l'hypnotisé que le professeur qui inflige la moindre punition morale à un enfant paresseux. Bernheim considère l'éducation comme un ensemble de suggestions à l'état de veille : il fait de l'hypnotisme « un adjuvant salutaire de l'éducation morale. »

La suggestion s'empare ainsi de l'éducation entière et, comme, suivant la parole de Leibniz, « celui qui est le maître de l'éducation est le maître du monde, » la suggestion devient la souveraine de tout. Et ceux qui font cette psychothérapie méritent les reproches, cités plus haut, de Wundt.

Et comme « la pédagogie a pour objet l'éducation des enfants, » le meilleur des pédagogues est le médecin hypnotiseur et on comprend le mot de Des jardins à l'Académie des sciences morales et politiques : « Le comble du ridicule est de vouloir transformer l'hypnotisme en procédé de pédagogie. »

La réponse à tout cela est facile à déduire des distinctions établies plus haut.

Hypnotisme et éducation sont des procédés psychiques l'un et l'autre ; mais ce sont des procédés psychiques absolument différents, l'un s'adressant au seul psychisme inférieur désagrégé, l'autre s'adressant au contraire au psychisme supérieur ou mieux à la totalité des psychismes unis et collaborants.

Duprat a très bien montré combien sont antagonistes l'éducation et l'instabilité psychique. Il dit, avec Renouvier, que, dans l'éducation, il faut « donner l'habitude de l'attention et de l'étude, rétrécir le domaine de la crédulité par le développement du sens critique, exercer la réflexion propre et indépendante, fortifier la volonté, créer l'habitude d'une comparaison désintéressée des motifs de juger et de croire ; en un mot, enseigner à l'enfant à douter et à vouloir, à se maîtriser et à être libre. » Or, ce n'est pas là œuvre de suggestion ; au contraire.

Sachons donc séparer complètement la suggestion des

autres moyens d'agir sur le psychisme comme la persuasion, l'enseignement, le conseil, l'éducation ; et sachons reconnaître que la suggestion tire précisément ses contre-indications de son action dissolvante sur les psychismes.

Cette distinction fondamentale est encore très peu faite, et nous voyons ainsi dans des livres, d'ailleurs remarquables, comme celui de Paul-Emile Lévy sur *l'Éducation rationnelle de la volonté*, reparaître les mêmes confusions, qui jettent le trouble dans l'esprit du lecteur et font naître les objections ou le scepticisme.

Dans la Préface qu'il a écrite pour ce livre, Bernheim rappelle bien sa doctrine et montre que c'est par la suggestion que l'auteur va essayer de faire l'éducation de la volonté. Et, de fait, Lévy montre en plusieurs endroits que ses procédés thérapeutiques dérivent de la suggestion, il les assimile à la suggestion (hétérosuggestion et autosuggestion, dans l'hypnose et à l'état de veille). Il en arrive alors à demander à la suggestion le « renforcement du pouvoir volontaire ; » il déclare que « le reproche, dirigé contre la psychothérapie, de violer la liberté morale s'adresserait, mieux encore, à l'éducation. » Et, pour défendre l'hypnotisme, il s'écrie : « Qui songe à priver ses enfants des bienfaits de l'éducation ? Qui songe à s'en priver lui-même ?… » Et nous voilà retombés dans les confusions de Berillon et des auteurs cités plus haut, sous la férule justifiée de Wundt, Duprat, Desjardins…

Tout ceci est pour démontrer qu'il n'était pas inutile de développer cette distinction entre les deux psychismes, qui n'est pas ! encore banale et qui est cependant la seule manière de limiter les prétentions de hypnotisme thérapeutique et de répondre aux objections que ces prétentions soulèvent.

En définitive, la psychothérapie inférieure, ou thérapeutique suggestive, a l'inconvénient de ne pas fortifier la volonté supérieure, l'unité et la personnalité du moi, de faciliter et d'accroître la désagrégation sus-polygonale, d'aggraver la séparation des deux psychismes.

C'est de là que découlent les contre-indications de ces procédés de médication psychique.

Faut-il conclure de là à la condamnation absolue et définitive de ce moyen thérapeutique ? Je ne le crois pas.

L'opium, le chloroforme et la digitale sont des poisons violents qui, dans certains cas, font le plus grand mal, qui par conséquent sont parfois formellement contre-indiqués. Cela n'empêche pas que, dans d'autres cas, les mêmes agents, bien maniés et donnés suivant les indications, peuvent faire beaucoup de bien et sauver même la vie de quelques-uns.

De même, l'hypnotisme n'est pas un moyen indifférent et inoffensif. Il peut faire du mal à certains sujets. Il ne faut donc pas le considérer comme un amusement. C'est un agent médical dont il faut savoir dans chaque cas déterminer les indications et les contre-indications.

Dans un article comme celui-ci je peux grouper sous les trois chefs suivants les principes qui doivent présider à cette détermination et qui sont comme les conclusions de ce paragraphe :

1° L'hypnotisme, n'étant pas inoffensif et ayant ses contre-indications comme ses indications, ne doit être employé (comme tous les agents thérapeutiques ordinaires) que médicalement et par un médecin expérimenté ;

2° Il ne faut pas demander à la suggestion la guérison d'un état purement mental ni même d'une névrose grave et profonde comme l'hystérie ;

3° L'indication capitale de l'hypnotisme en thérapeutique est fournie par les localisations précises, étroites et tenaces, des névroses et spécialement de l'hystérie.

Comme le disait déjà Blocq, en 1889, il faut, pour appliquer thérapeutiquement l'hypnotisme dans un cas donné, il faut juger que les inconvénients liés pour le malade à un excès de suggestibilité ne sont pas comparables à ceux que lui font éprouver certains troubles tels que l'aphonie, la paralysie, la contracture par exemple auxquels on a affaire et dont on peut espérer le débarrasser par ce procédé.

Même réduite à ces proportions modestes, l'action thérapeutique de la suggestion n'est pas à dédaigner et il y a lieu de la rechercher dans bien des cas où tous les autres moyens sont inefficaces.

Voici, pour terminer ce chapitre, un exemple qui illustrera mes conclusions et montrera les limites et l'action de la psychothérapie inférieure. Je l'emprunte à Stadelmann.

Un collégien de dix-sept ans, très studieux et bon élève, change brusquement, devient paresseux, distrait, le dernier de sa classe ; il veut même quitter le collège malgré tous les efforts des pédagogues pour le retenir et le corriger. Quelques symptômes physiques (céphalée, palpitations, etc.) s'étant manifestés, on consulte un médecin qui découvre une idée fixe, cause de tout le mal : l'amour d'une jeune fille qui dominait toutes les pensées du jeune homme et le détournait de tout le reste ; « bien qu'il se rendît compte de la folie de sa conduite, il ne pouvait s'affranchir de son obsession. » On l'endort ; on lui suggère d'oublier son idée obsédante et de concentrer son attention sur ses études. Après un petit nombre de séances, il est tout à fait guéri et passe son examen avec d'excellentes notes.

Le service rendu est ici indiscutable et l'inconvénient de ces hypnoses passagères et peu nombreuses est insignifiant. Comment a-t-on agi dans ce cas ? Uniquement sur le polygone du sujet où était fixée l'idée obsédante parasite.

On a donc fait de la pédiatrie ; on a guéri un enfant malade. On n'a fait ni pédagogie ni éducation.

La suggestion n'a rien appris au sujet, elle n'a pas augmenté son fonds moral, elle n'a pas fortifié sa volonté, ni développé son intelligence. Elle a simplement supprimé un obstacle morbide qui était venu enrayer son développement psychique général.

L'hypnotiste ne s'est pas substitué au pédagogue et n'a pas fait acte de pédagogue.

Tant que l'enfant a été bien portant, le pédagogue a rempli sa fonction. L'enfant devient malade (obsession polygonale) ; le pédagogue, devenu impuissant, le confie au pédiatre ; celui-ci le guérit et le rend au pédagogue qui lui fait passer son examen.

La suggestion a donc fait œuvre médicale de pédiatrie et nullement œuvre directe, extramédicale, de pédagogie.

Il me semble qu'ainsi les malentendus sont dissipés et que s'expliquent les mots graves échangés entre des hommes d'égale et de haute valeur comme Bernheim et Desjardins.

Desjardins trouve folle la prétention d'un médecin qui veut devenir pédagogue et Bernheim trouve outrecuidante la prétention d'un jurisconsulte qui veut nier les applications pédiatriques de la suggestion. Ils ont raison tous les deux et la suggestion a des indications chez les enfants comme chez les adultes malades ; en supprimant chez eux des troubles nerveux fonctionnels qui gênent leur développement psychique, elle aide à leur éducation, elle la rend possible et devient ainsi *indirectement* éducatrice et moralisatrice.

C'est de la même façon qu'interviendrait dans l'éducation et la moralisation d'un enfant un médecin qui guérirait chez lui une fièvre typhoïde ou une pneumonie au milieu d'une année scolaire.

Section III

Tout autre dans son but, ses indications et ses contre-indications, son mécanisme et ses procédés est la *psychothérapie supérieure.*

Ne s'adressant qu'au seul psychisme inférieur, la psychothérapie inférieure ne peut atteindre qu'un polygone désagrégé ; elle ne s'adresse nullement à O et accentue, plutôt qu'elle ne guérit, la séparation des deux psychismes.

La psychothérapie supérieure au contraire, loin de séparer les psychismes pour modifier l'un d'eux, s'adresse à l'ensemble des psychismes, fortifie leur union et leur collaboration, cherche à accroître la force de O et son influence sur l'entière vie du sujet.

Une vieille fille, catholique, est atteinte de psychisme anxieux ; elle doute et souffre depuis longtemps d'un symptôme qu'elle décrit ainsi : « J'ai, dit-elle, l'idée fixe, l'obsession de voir l'hostie partout. J'en découvre sur tous mes vêtements, sur les objets et les personnes qui m'entourent, partout. Et alors, comme j'ai peur de faire un sacrilège, je passe mon temps, en souffrant horriblement, à laver tout ce qui me touche, tout ce qui m'entoure, en craignant qu'il y ait un contact irrespectueux. J'en suis arrivée à ne plus savoir comment m'habiller, parce que, sur toutes mes robes, sur tous mes vêtements, j'ai cru en apercevoir. Je ne sors plus. Il me faudrait acheter douze paires de gants par jour, n'osant plus remettre les mêmes… Je n'ai pas l'hallucination visuelle de l'hostie ; je n'en vois pas la forme. Mais, comme j'ai cette idée perpétuelle, tout ce que je découvre sur moi de blanc et y ressemblant, je suis persuadée que cela en est… »

J'estime que dans un cas comme celui-là la psychothérapie inférieure serait désastreuse. Les centres psychiques supérieurs sont faibles, n'ont pas la force de chasser ou de classer les idées plus ou moins saugrenues qui se présentent à eux. Par l'hypnose j'affaiblirais encore plus le centre O qui a besoin de réconfort.

Mais on peut cependant traiter psychiquement cette malade, puisque son O n'est que faible, qu'il reconnaît la non-existence réelle de ces hosties obsédantes.

Puisque cette malade n'a pas d'hallucination vraie, n'a pas de sensation fausse ; puisqu'elle sait qu'il n'y a pas réellement d'hostie dans ces taches blanches, il faut lui donner la force d'en repousser l'obsession, il faut obtenir de son O qu'il marche volontairement sur ces taches malgré la crainte du sacrilège, qu'il les touche résolument sans aller se laver après…

Il faut donc faire ici non de la psychothérapie qui désagrège les psychismes, agit sur le seul polygone et affaiblit l'union d'O avec les centres inférieurs, mais de la psychothérapie qui s'adresse à l'entier psychisme, fortifie O, lui redonne confiance en soi, accroisse sa puissance de direction sur l'automatisme…

Voilà un exemple qui montre bien, ce me semble, combien la psychothérapie supérieure est différente de la psychothérapie inférieure, a des indications et des contre-indications différentes.

Beaucoup d'auteurs ont fait et font de la psychothérapie supérieure, les uns en le sachant, les autres sans le savoir.

Dans les premiers, je citerai Payot et Dubois de Berne dans leurs beaux livres sur *l'Éducation rationnelle de la volonté* et sur le *Traitement des psychonévroses* ; dans les seconds, nous retrouvons Binet et Lévy dans leurs travaux sur la suggestibilité et la suggestion.

C'est de la psychothérapie supérieure que font : Frenkel dans la rééducation des ataxiques, Brissaud et ses élèves Meige et Feindel dans le traitement des tics, Déjerine et ses élèves Camus et Pagniez dans le traitement des hystériques…

Si j'ai soigneusement séparé la suggestion d'un côté, et de l'autre la persuasion, l'enseignement, les conseils, la pédagogie, etc., je rapproche complètement toutes ces dernières actions psychiques de la psychothérapie supérieure, puisque tous ces moyens s'adressent aux centres supérieurs ou à l'ensemble des centres psychiques.

La seule nuance qui sépare la psychothérapie supérieure des autres modes d'influence psychique supérieure, c'est que la psychothérapie est de la thérapeutique, s'adresse par suite uniquement à des malades qu'on veut guérir, tandis que l'éducation, l'enseignement, la persuasion, etc., s'adressent à des sujets bien portants qu'on veut seulement compléter ou perfectionner.

C'est la différence qu'il y a entre la pédagogie et la pédiatrie.

Tout en maintenant chaque science dans son domaine (ce qui est l'intérêt de tous), il faut aussi admettre la collaboration possible des moyens voisins, l'aide mutuelle qu'ils peuvent se rendre.

C'est ainsi que si je conteste les services que la suggestion peut rendre à l'éducation des enfants bien portants, j'admets que l'éducation et la psychothérapie supérieure peuvent se rendre de mutuels services. La psychothérapie supérieure (comme la psychothérapie inférieure) ne peut et ne doit être exercée que par le médecin. Mais, dans une œuvre de ce genre, le médecin et le professeur, comme le médecin et le prêtre, peuvent s'aider puissamment et contribuer utilement, chacun pour sa part, à obtenir le résultat final : le retour du sujet à un psychisme normal ou se rapprochant le plus possible de l'idéal normal.

Ces considérations permettent de prévoir les *limites* d'action et les *contre-indications* de la psychothérapie supérieure.

La limite de cette action vient surtout du degré d'altération des centres supérieurs. Si le centre O est profondément atteint, s'il croit à son délire, s'il admet, la complète réalité de son hallucination ou de son idée fausse, la psychothérapie la plus avertie n'obtiendra rien ou n'obtiendra que peu de chose.

Dans l'exemple cité plus haut de la malade aux hosties, je n'espère quelque résultat de la psychothérapie que parce que la malade proclame elle-même que son hallucination n'est pas réelle et complète ; elle sait que l'hostie n'existe réellement pas sur sa robe. Son centre O raisonne donc juste ; seulement il est trop faible pour imposer sa raisonnable manière de voir et son polygone, affolé par l'idée obsédante, détermine la malade à se laver ou à se confesser pour effacer le sacrilège, que O sait cependant ne pas exister.

Dans ce même psychisme anxieux s'il y a vraie folie du doute, si

O est assez malade pour croire à la réalité du phénomène morbide, la psychothérapie est à peu près inutile.

De là, cette conclusion que la psychothérapie supérieure n'est pas le traitement des psychoses vraies et complètes ; ce n'est pas le traitement des fous internés. C'est au contraire le traitement de choix de ce que Dubois appelle les psychonévroses, états caractérisés par la débilité mentale, la facilité de désagrégation sus-polygonale, l'instabilité mentale de Duprat, l'abdication facile de O et la prédominance fréquente du polygone…

Ces limites d'action font prévoir qu'il y a même des cas dans lesquels la psychothérapie supérieure devient un moyen *inefficace* et *dangereux*.

Ainsi les raisonnements mal dirigés des familles ou des gens du monde contre certains délires invétérés et profonds peuvent faire beaucoup plus de mal que de bien. Nous avons tous vu des aphasiques et des ataxiques qui surmenaient leurs centres psychiques supérieurs par des exercices de rééducation exagérés pour la force de leur O.

Sous le bénéfice de ces réserves, on peut dire que la psychothérapie supérieure a pour but et pour *indication* la culture et le développement, l'accroissement et le perfectionnement de la volonté, de la maîtrise de soi, de l'unité morale, du moi, de la personnalité normale et complète…

Par quels moyens le médecin peut-il essayer d'obtenir ces résultats dans les cas où son intervention est indiquée ? Quels sont les procédés de la psychothérapie supérieure ?

Voilà la grave et capitale question qu'il me reste à envisager et que je ne pourrai indiquer que rapidement dans une étude comme celle-ci.[1]

Le principe de l'action psychothérapique est facile à comprendre quand on cherche à agir par les centres O sur une fonction motrice déviée par la maladie, la fonction motrice étant normalement sous la dépendance et la direction de ce centre O.

---

1 Pour le détail de ces procédés psychothérapiques, on peut consulter les ouvrages suivants, déjà cités : Jules Payot, *l'Éducation de la volonté* ; Dubois, *les Psychonévroses et leur traitement moral* ; Camus et Pagniez, *Isolement et psychothérapie* ; Paul Emile Lévy, *l'Éducation rationnelle de la volonté* ; Meige et Feindel, *les Tics*…

L'ataxique par exemple a sa marche automatique troublée ; son équilibre est atteint ; il arrive ainsi, par les progrès de l'incoordination, à ne plus pouvoir marcher. On peut alors par des exercices très bien réglés, dans lesquels on habitue son O à diriger les mouvements, arriver à lui créer un nouvel automatisme de la marche.

L'ataxique réapprend à marcher avec sa volonté consciente supérieure.

De même, un tiqueur a pris la mauvaise habitude pathologique de tourner constamment la tête comme si son faux-col le gênait, ou de soulever une épaule comme pour empêcher un ballot de tomber. Le médecin habitue le malade à s'opposer par la volonté aux mouvements automatiques morbides et à faire volontairement des mouvements opposés à ces mouvements morbides. Suivant l'expression de Meige et Feindel, « le tiqueur perdra peu à peu l'habitude de conserver de mauvaises habitudes. Bien plus, il prendra l'habitude de ne pas prendre de mauvaises habitudes. »

« Ce qu'on appelle psychothérapie, dit Brissaud à propos des tics, n'est autre chose qu'un ensemble de moyens destinés à montrer au patient par où pèche sa volonté et à exercer ce qui lui en reste dans un sens favorable... Le médecin se fait éducateur sans rien emprunter aux pratiques plus ou moins occultes de la suggestion hypnotique. De cela surtout il faut qu'il se défende ; car le malade doit être immédiatement prévenu que sa collaboration est indispensable... C'est donc sa propre volonté qui agira, et non l'influence personnelle de l'éducateur. » On ne saurait mieux montrer la grave différence qu'il y a, en clinique pratique, entre la psychothérapie inférieure et la psychothérapie supérieure.

La rééducation motrice des ataxiques et des tiqueurs est donc un exemple, facile à comprendre, de psychothérapie supérieure : le centre O ayant régulièrement action sur les mouvements, on comprend que, bien dirigé, ce centre O puisse corriger des symptômes moteurs. C'est le principe de la rééducation motrice, qui est une partie de la psychothérapie supérieure.

Plus difficiles à concevoir sont les procédés à employer quand on se propose d'agir psychiquement, non plus sur un acte moteur, mais sur un acte psychique : idée, sensation, émotion morbides.

En effet, ces états psychiques ne sont pas volontaires, ne sont pas soumis à la volonté ; il est donc malaisé de comprendre qu'on puisse agir sur eux par le centre O, c'est-à-dire par la volonté.

Nous ne pensons pas a volonté à tel ou tel objet, nous ne sentons pas ce que nous voulons sentir, nous ne sommes pas maîtres de nos émotions : l'idée, la sensation, l'émotion s'imposent à nous. Comment la volonté pourra-t-elle modifier ces états psychiques qu'elle ne fait pas naître, qui ne lui sont pas soumis ?

Ainsi un malade aura l'idée d'un microbe présent partout, ou il verra partout des images qui lui déplaisent, ou il aura peur de tous les chiens : il n'est pas maître de ne pas penser à ce microbe, de ne pas voir cette image, de n'avoir pas peur de ce chien.

Vous ne pouvez pas procéder ici comme dans l'hypnose, par ordre, par injonction.

Gardez-vous de dire à ce malade : « Ne pensez plus à ce microbe, ne voyez pas cette image, n'ayez pas peur de ce chien. » Il vous répondrait : « Croyez-vous donc que je le fais exprès ? J'aimerais bien mieux ne pas avoir cette idée, cette sensation ou cette peur, mais cela m'est impossible. Cela n'est pas volontaire. Donc, ma volonté ne peut rien contre. » Et il aurait raison.

Donc, l'action *directe* contre un acte psychique est impossible, et il serait souvent dangereux de l'essayer : le malade aurait raison contre son médecin ; ce qui rendrait impossible toute autre tentative de psychothérapie. On ne peut agir psychiquement sur un acte psychique qu'*indirectement*. Cette action indirecte est fondée sur quelques principes qu'il faut connaître pour essayer d'atteindre ce double but : tâcher de diminuer, et ensuite de supprimer, les états psychiques morbides et, en même temps, faire naître des états psychiques normaux, qui remplaceront les premiers.

Premier principe. — On peut faire naître une idée, une sensation, une émotion, un état psychique habituellement involontaire, en faisant réaliser au sujet un acte conforme à cette idée, à cette sensation, à cette émotion.

Tout le monde sait que normalement une idée, une sensation, un état psychique, fait naître un acte, s'exprime par une volition et un acte moteur. La règle inverse, quoique moins connue, est aussi vraie.

Dans l'hypnose, vous donnez au sujet endormi l'attitude de la prière ou de la colère, vous faites naître dans son esprit des idées de prière ou de colère. L'acte provoque l'idée ou la sensation. De même, en dehors de l'hypnose.

« Dugald Stewart raconte, dit Payot, que Burke assurait avoir souvent éprouvé que la colère s'allumait en lui à mesure qu'il contrefaisait les signes extérieurs de cette passion. Est-ce que les chiens, les enfants, et même les grandes personnes qui luttent en jouant, ne finissent pas généralement par se fâcher tout de bon ? »

On rapporte, dit Lévy (citant Liebeault), que Campanella, quand il voulait connaître ce qui se passait dans l'esprit de quelqu'un, contrefaisait de son mieux la physionomie et l'attitude de cet homme, en concentrant en même temps sa pensée sur ses émotions propres.

Les mouvements, les attitudes et les actes étant des phénomènes volontaires, voilà bien un premier moyen d'agir volontairement sur nos idées et nos sensations, un moyen de les faire naître.

Voici un second procédé, par lequel la volonté peut, grâce à l'action motrice, influer sur une idée ou une sensation déjà existantes.

Deuxième principe. — Quand nous, voulons développer, accentuer, bien fixer, fortifier une idée ou une sensation, nous devons volontairement faire tous les actes qui sont conformes à cet état psychique, qui en dérivent ou qui s'y appliquent. Ainsi nous y ferons attention, nous l'analyserons volontairement, nous la discuterons, nous la raisonnerons, nous en parlerons, nous en écrirons, nous lui conformerons nos actes, nous lui soumettrons le plus possible notre vie volontaire tout entière.

« S'affirmer une idée, dit Lévy, se répéter cette affirmation, c'est, en cumulant ainsi sur elle l'attention, en la maintenant ainsi avec complaisance dans l'esprit, lui donner la vitalité nécessaire pour réapparaître des bas-fonds où elle sommeillait à la pleine lumière de la conscience. Par là, l'assentiment stérile que nous lui accordions se transformera en une croyance ferme et féconde ; par là, elle acquerra une telle force d'expansion qu'elle aboutira presque fatalement à sa réalisation effective. »

C'est ainsi, par la « réflexion méditative » sur une idée que, dit Payot, nous pouvons « imposer par la force » l'idée à qui nous voulons assurer la victoire de façon qu'elle soit à son tour le point de départ d'une nouvelle direction de la pensée.

Inversement, si nous voulons affaiblir, diminuer, effacer, faire disparaître une idée ou une sensation, nous devons faire volontairement l'inverse de ce que je viens de dire : c'est-à-dire ne faire aucun acte en rapport avec cet état psychique, n'en jamais parler, n'en jamais écrire, ne pas le discuter, ne lui soumettre aucune phase de notre vie, le dédaigner, n'y attacher aucune importance, nous comporter toujours et partout comme s'il n'existait pas.

En somme, ces deux principes se résument dans cette phrase de Payot : « Je n'ai de puissance sur ma pensée que parce que je suis maître de mes muscles. »

Par les actes moteurs qui sont volontaires on peut faire naître et accroître ou affaiblir et faire disparaître une idée, une sensation, une émotion, un état psychique qui par lui-même échappe à l'action directe de la volonté.

On voit tout de suite les applications possibles de ces principes au traitement psychique de certains malades.

Le malade a une idée, une sensation, une émotion maladives ; il faut tenter de les faire disparaître. On ne doit pas essayer de le faire directement, de lutter par sa volonté contre ces états psychiques morbides qui s'imposent à lui. Mais on peut essayer indirectement, en dirigeant ses actes moteurs, d'affaiblir et de faire disparaître ces idées et ces sensations morbides, en même temps qu'on s'efforce, par les mêmes procédés, de faire naître et de développer les idées et les sensations physiologiques, antagonistes de celles que l'on veut détruire.

De ces principes découlent des règles de thérapeutique psychique que l'on comprendra par les quelques exemples suivants.

1° Il faut entraîner le malade qui a une idée, une sensation ou une émotion maladives, à ne jamais arrêter volontairement son attention sur cet état psychique que l'on veut faire disparaître.

Il ne devra jamais en parler, jamais en écrire, jamais l'analyser, pas même pour en rendre mieux compte au médecin (qui n'a pas besoin de ces auto-observations, dans lesquelles le névrosé se complaît et par lesquelles il aggrave son état).

Le médecin ne doit pas, lui non plus, tomber dans le piège que lui tend le malade (parfois inconsciemment) ; il ne doit pas discuter avec le malade son trouble psychique : le discuter, même pour le réfuter, est une manière de lui accorder de l'importance et par suite de l'accentuer et le fortifier dans l'esprit du sujet.

Il faut obtenir, non seulement que le malade renonce matériellement à arrêter son attention sur ses phénomènes morbides, mais encore qu'il le fasse volontiers, sans regrets, avec courage.

Le malade qui veut guérir ne doit pas faire comme ce gourmand « à qui les médecins interdisaient le melon, qui chaque fois provoquait chez lui de graves rechutes. Il n'en mange pas, dit saint François de Sales, parce que le médecin le menace de mort s'il en mange, mais il se tourmente de cette privation, il en parle,… il veut du moins le sentir et estime fort heureux ceux qui peuvent en manger. » Comme dit Payot après cette citation, « il faut en un mot détester non seulement la maladie, mais le melon qui provoque les rechutes. »

A la base de tout essai de psychothérapie supérieure, il faut non seulement le consentement du malade, mais il faut qu'il ait la ferme volonté et l'ardent désir de guérir et pour cela de suivre, avec joie et sans regrets, toutes les prescriptions psychiques qu'on lui fera ; il doit, en d'autres termes, avoir avec foi les yeux fixés sur le but à atteindre et ne pas faire attention à autre chose. 2° Il faut entraîner Je malade à ne plus tenir compte de ses idées et de ses sensations morbides pour l'organisation de sa vie et la direction de ses actes.

A l'état normal, nos sensations et nos idées sont les directrices naturelles de nos actes, au moins dans une certaine mesure. La faim règle, sinon l'heure des repas, du moins la quantité des aliments ingérés ; la fatigue limite les promenades, et le sommeil fixe l'heure et la durée du séjour au lit.

Avec beaucoup de restrictions, cette formule peut s'appliquer à l'état physiologique. Sans hésitation, elle ne doit plus s'appliquer à l'état pathologique.

Le nerveux qui n'a pas faim, ou qui redoute l'apparition d'une douleur qu'il attribue aux repas, doit s'habituer à manger sans appétit, et parfois en souffrant, ce que son médecin déclare qu'il peut digérer. De même, il devra se garder de manger s'il a faim à des heures anormales, qui ne correspondent pas à celles fixées par le médecin pour les repas.

Souvent même le sujet doit être exercé à faire des actes antagonistes de ceux que son instinct le pousserait à faire.

La base de cette partie de la psychothérapie supérieure est donc la fixation par le médecin d'un règlement de vie très net, très étroit, que le malade devra suivre aveuglément. Pour établir ce règlement, le médecin doit évidemment tenir compte des sensations éprouvées par le malade ; le plus souvent, le médecin accepte donc en quelque sorte la collaboration du malade pour établir ce règlement de vie ; mais, une fois les règles posées, le malade abdique tout droit de les modifier, quelles que soient les sensations éprouvées ultérieurement.

Puisque je ne parle ici que de psychothérapie supérieure, il ne s'agit pas d'un règlement de vie imposé, suggéré par le médecin au malade. Le malade doit l'avoir accepté et l'avoir compris ou du moins il doit en admettre la sagesse et l'opportunité. C'est librement qu'il se soumet. Et ainsi il fait acte de volonté ; car il faut beaucoup de volonté et d'énergie pour agir conformément à sa raison représentée par le médecin et contradictoirement à ses sensations provoquées par la maladie.

Il y a des sensations qui, à ce point de vue, embarrassent beaucoup les malades, notamment la sensation de fatigue. Un sujet doit-il s'arrêter quand il se sent fatigué ou au contraire se raidir contre la fatigue et continuer à agir malgré cette fatigue ? En tête des bons conseils que le médecin peut donner à ce point de vue je place le suivant : quand vous êtes fatigué, avant de commencer un acte (ce qui arrive si souvent à certains neurasthéniques et psychasthéniques), ne tenez aucun compte de cette sensation, qui est tout entière faite du souvenir d'une fatigue antérieure et de l'appréhension de la voir se renouveler et qui d'ailleurs s'atténuera et disparaîtra si vous commencez courageusement et continuez résolument l'acte que vous pensiez impossible. Quant au contraire vous faites un acte depuis quelque temps, si vous sentez naître une sensation de fatigue vraie qui croît avec la continuation de l'acte, vous avez le droit de tenir compte de cette sensation après l'acte et de vous arrêter.

Dans la fixation de ces règlements de vie, le médecin doit toujours éviter les formules vagues comme « distractions » ou « repos intellectuel. »

Ne se distrait pas et ne se repose pas qui veut. Certains névrosés, avec la meilleure volonté du monde d'obéir à leur médecin, ne se laisseront pas distraire de leur idée morbide par les spectacles les plus captivants et ne parviendront pas à arrêter le travail involontaire de leur cerveau sur une anxiété morbide.

Le médecin doit indiquer au malade comment il peut se distraire et se reposer : c'est toujours *en s'occupant*. On n'immobilise pas le fonctionnement cérébral ; on ne supprime pas la pensée. On ne peut que la dériver sur un sujet tout différent de celui qui préoccupe habituellement le malade.

La musique et l'histoire peuvent être la cause de la maladie de l'un et le remède de l'autre, selon que le malade sera habituellement et professionnellement un historien ou un musicien.

Le surmenage est presque toujours le résultat d'une tension trop univoque et monocorde de l'esprit. Dans toutes les professions, il faut savoir se libérer un certain nombre d'heures pour des occupations à côté, qui élargissent la culture, tout en ménageant les forces de l'écorce cérébrale.

3° Comme l'entière psychothérapie supérieure est absolument fondée sur la personnalité même du sujet et sa volonté intelligente, si on veut obtenir des résultats, il faut bien montrer au malade l'importance du but à atteindre.

Il faut lui donner le désir et l'ambition de guérir et, pour cela, lui montrer le but que la vie a encore pour lui, la mission qu'il a encore à remplir dans ce monde.

Un nerveux qui ne comprend pas la vie, qui n'admet pas que la vie vaille la peine de vivre, qui s'endort le soir sans vouloir penser au lendemain, avec la seule satisfaction d'avoir un jour de moins à vivre,… ce nerveux ne guérira jamais.

Le médecin doit réveiller et développer, chez son malade, les idées de devoir, de sacrifice, de sociabilité… Toutes ces grandes pensées doivent remplacer les idées morbides.

Il faut défendre au malade de se confiner dans la rumination stérile d'un passé sur lequel personne ne peut plus rien. Quelles que soient les injustices, apparentes ou réelles, des diverses destinées, chacun a toujours, pour le lendemain de sa vie, un rôle, modeste ou élevé, à remplir dans l'intérêt de ses semblables et de l'humanité.

Il faut, en d'autres termes, sortir le malade de lui-même et le tourner de plus en plus vers l'altruisme, en lui montrant que la guérison est là et uniquement là.

L'homme bien portant est un animal altruiste. L'égoïsme et l'égocentrisme sont liés à la maladie ; ce sont des causes et des symptômes de maladie. Tant qu'on reste égoïste, on n'est pas guéri et on ne peut pas guérir.

Donc, développez chez le malade la confiance en soi (qui n'est pas l'égoïsme), démontrez-lui qu'il n'est pas *fini* dans le monde. Aidez-le à préciser ce but, cet idéal qu'il va poursuivre et prouvez-lui qu'il a la force voulue pour l'atteindre.

Pour cela, que le malade s'habitue à regarder, parmi ses contemporains, ceux qui sont plus déshérités et plus malheureux que lui ; qu'il voie tout le bien à faire, sans jamais envier les aptitudes et les destinées d'autrui.

4° Pour appliquer ces divers procédés psychothérapiques il faut surveiller tout particulièrement le milieu dans lequel vit le malade.

Le milieu a en effet sur les névroses une grande influence. Il y a une vraie contagion nerveuse, par imitation. Les névroses à deux et les névroses en troupe sont très fréquentes.

Les parents qui entourent les nerveux sont souvent eux-mêmes des nerveux. Même quand ils ne le sont pas ou croient ne pas l'être, ils constituent pour la névrose plutôt un « bouillon de « culture qu'un terrain de lutte. Ils ont trop d'affection et pas assez de fermeté pour faciliter, souvent même pour permettre, cette cure psychothérapique qui est souvent très dure.

Le milieu social ordinaire du malade renferme, lui aussi, le plus souvent des éléments qui ont causé ou qui entretiennent la névrose.

De plus, pour mener à bonne fin une cure de ce genre, il faut un médecin très assidu, qui ait le temps d'entreprendre et de suivre la cure, de s'y intéresser et de la mener à bonne fin. Je ne parle pas de la compétence et de l'éducation spéciales ; mais le temps matériel manque au médecin ordinaire pour faire utilement de la psychothérapie.

De tout cela découle la légitimité de la prescription, si souvent faite, de l'*isolement* du malade et de son traitement dans un établissement spécial de *neurothérapie*.

Déjerine et ses élèves ont montré tout le parti qu'on peut tirer de l'application de ces principes au traitement hospitalier des névrosés.

Il me semble que ce trop long exposé apporte une preuve de plus de l'utilité de la distinction entre les psychismes, supérieur et inférieur. Cette distinction n'apparaît plus comme une subtilité *théorique* de psychophysiologie. C'est une question vitale de thérapeutique *pratique*.

Un dernier exemple me permettra de souligner encore en terminant la différence qu'il y a entre les deux psychothérapies, les indications et les contre-indications respectives de ces deux thérapeutiques, en les montrant, à côté et en face l'une de l'autre, dans la lutte contre un de nos plus grands fléaux sociaux, l'alcoolisme et la toxicomanie.

Divers auteurs (Lloyd Tuckey, Tokarsky, Arie de Jong, Stadelmann, Berillon) demandent à l'hypnotisme la guérison de l'impulsion qui porte le sujet à boire (dipsomanie) ou à s'empoisonner (morphinomanie, etc.). On obtient en effet de bons résultats dans un certain nombre de cas.

Mais il faut bien comprendre le mécanisme de ces succès psychothérapiques.

Il ne faut pas croire que, par la suggestion, on fasse la « rééducation systématique de la volonté » (Berillon) de l'ivrogne ou qu'on augmente sa « faculté de vouloir » (Lloyd Tuckey). On peut tout au plus, par ce procède, agir indirectement sur la volonté du malade en la libérant, en supprimant une mauvaise habitude polygonale qui fait échec à cette volonté. Mais il faut, pour le succès, que le sujet ait conservé une volonté saine et forte qui agit dès qu'elle n'est plus combattue par l'impulsion automatique mauvaise.

Mais si, comme cela arrive le plus souvent, l'alcoolique est un faible, à psychisme supérieur sans résistance ni énergie, si on veut chercher à accroître la force de sa volonté et de son moi raisonnable devant les tentations du poison, il faut se garder de désagréger les deux ordres de psychisme par l'hypnose, il faut s'adresser à l'entier psychisme du sujet et amener par des raisonnements, par des conseils moraux et hygiéniques, son centre O à reprendre la direction des actes, à résister aux insinuations du polygone.

Donc, quand on emploie l'hypnotisme dans certains cas d'alcoolisme, de morphinomanie, de dipsomanie, de toxicomanie, ce n'est pas pour exalter la volonté du sujet, mais pour supprimer le trouble polygonal morbide qui empêche sa volonté de s'exercer régulièrement. Dans tous les autres cas, quand il y a indication à fortifier la volonté, à accroître l'influence des centres psychiques supérieurs, c'est à la psychothérapie supérieure et non à la suggestion qu'il faut s'adresser.

Car, — et ceci résume et justifie cet article, — si les deux psychothérapies ont, l'une et l'autre, une action curative psychique, elles diffèrent, l'une de l'autre, en ce que la supérieure fortifie et l'inférieure affaiblit l'unité et la force du moi supérieur, conscient et libre.

ISBN : 978-1981475674